À Delphine, mon amoureuse.

BEST*of*
CHRISTOPHE
MICHALAK

ALAIN DUCASSE
EDITION

L'équipe du Plaza

actif

CHRISTOPHE MICHALAK

Comment êtes-vous devenu pâtissier ?

Mon enfance a été compliquée, marquée par l'absence de mon père. Ma résilience, ça a été de me montrer combatif ! Ma mère a beaucoup travaillé et m'a montré qu'il fallait se battre, et se relever pour mieux avancer. Mon rêve : être un super-héros pour sauver les autres ! À l'adolescence, j'ai donc fait plusieurs stages estivaux pour choisir un métier. Plomberie, électricité, rien ne me plaisait jusqu'à ce qu'à 15 ans, je trouve ma place en pâtisserie. Pendant mon apprentissage à Cholet, dans une toute petite boutique, je refaisais des gâteaux tous les soirs chez moi tellement j'était motivé !

Vos premières expériences ?

J'ai gagné le concours de meilleur apprenti de mon école, ce qui m'a donné des ailes : Londres, Bruxelles dans les Hilton, puis Nice au Negresco. Deux ans chez Fauchon, époque Pierre Hermé, où je m'occupais des décors, et puis direction Kobé au Japon où j'ai retrouvé Grégory Collet, avec lequel j'avais travaillé à Nice, puis un passage à New York en tant que chef pour Pierre Hermé. De retour en France, j'ai intégré l'équipe de Philippe Andrieu chez Ladurée à Paris. De ce périple m'est resté le goût du voyage, qui forme la culture et le palais.

Comment êtes-vous arrivé au Plaza Athénée ?

En 2000, Jean-François Piège, un ami, a eu la bonne idée de me présenter à Alain Ducasse. Une chance extraordinaire et un vrai challenge pour exprimer ma créativité ! Vous connaissez la suite de l'histoire. En 2005, lorsque j'ai gagné la Coupe du monde de pâtisserie, Alain Ducasse m'a dit d'en profiter, parce que ça ne durerait pas : « Dans deux ans, il y aura un autre champion du monde, on ne parlera plus de toi. » Blessé dans mon orgueil, je lui ai répondu : « Dans deux ans, on ne parlera que de moi ! » Non pas par prétention, mais par défi : c'est tout moi, ça ! La notoriété qui en a découlé, je ne l'ai pas recherchée, elle est venue en bonus. Mon objectif, c'est d'être le digne ambassadeur de mon métier, pour le mettre en lumière et valoriser le talent de mes collègues, ainsi que pour former les futurs talents de demain.

Comment définiriez-vous votre pâtisserie ?

En quatre « E » :

- élégance : parce que l'on dévore d'abord des yeux ;
- équilibre : celui des saveurs, des textures et des températures ;
- émotion : celle que l'on ressent à la dégustation du gâteau, et celle du souvenir que l'on en garde, qui évolue avec le temps ;
- efficacité : penser à accompagner le gâteau depuis sa création jusqu'à la fin de la dégustation, en réfléchissant à sa découpe et à sa dégustation.

Pour devenir un bon pâtissier, il faut au moins quinze ans : avant, j'étais un bon technicien, mais il me manquait quelque chose. Maintenant, c'est comme si j'avais une banque de données de goûts en bouche, je sais exactement ce que je veux lorsque j'imagine un dessert !

EN QUELQUES DATES

2000 — *Entrée en tant que chef pâtissier au Plaza Athénée*

2005 — *Vainqueur de la Coupe du monde de pâtisserie*

2006 — *Création de sa société Tendances Michalak*

* Pour suivre l'actualité de Christophe Michalak :
www.christophemichalak.com

Avec Jean-Marie, mon chef au Plaza

Mais le vrai secret, c'est l'émotion. Les meilleurs ingrédients du monde ne suffisent pas à faire le meilleur des gâteaux : c'est l'émotion que l'on y met qui fait toute la différence. Il faut imaginer le gâteau dans absolument toutes ses dimensions sensorielles.

Quels sont les pâtissiers qui vous ont le plus marqué ?
L'incontournable Gaston Lenôtre, Pierre Hermé pour tout ce qu'il dégage, Philippe Conticini parce que l'on parle la même langue. Sans oublier le travail exemplaire d'Eddie Benghanem au Trianon Palace, le talent de Claire Damon (Des gâteaux et du Pain), qui est ma petite sœur spirituelle, et tous ceux dont j'aime déguster les créations que je mets à l'honneur sur mon blog*.

Et l'avenir ?
Après avoir élaboré mes confitures, puis mis au point les concepts de Lette Macarons et de Popelini, je fais partie de l'aventure Boco. Bien manger avec des produits sains, c'est le défi des années à venir ! Entre l'édition, la télévision et le conseil, je vais au contact des autres, pour toujours goûter, imaginer, me remettre en question. Je n'aime pas me reposer sur mes lauriers, et demain sera radicalement différent d'aujourd'hui ! Ce qui me tient à cœur, c'est d'apporter une pâtisserie plus ludique, décomplexée, quelque chose sans chichis, qui procure une émotion sincère. Après être allé très loin dans la technique, j'ai désormais envie de revenir à une vraie simplicité.

PORTRAIT GOURMAND

1/ LE PRODUIT ET L'USTENSILE SANS LESQUELS VOUS NE POUVEZ CUISINER
Le chocolat au lait et les fruits secs, comme les noix et les noisettes. Et une cuillère pour tout dévorer, bien sûr.

2/ VOTRE BOISSON DE PRÉDILECTION
L'eau plate.

3/ LE LIVRE QUI VOUS EST INDISPENSABLE
***Au cœur des saveurs* de Frédéric Bau, qui a beaucoup apporté à notre métier.**

4/ VOS PÉCHÉS MIGNONS
J'en ai trop ! La tablette fourrée à la pistache de Philippe Bernachon, avec sa note de kirsch ; la Praluline de François Pralus ; la tarte au café de Pierre Hermé, le paris-brest de Philippe Conticini, le gâteau de crêpes de Michel Troisgros, la glace à la vanille minute de Jean-François Piège.

5/ SI VOUS N'AVIEZ PAS ÉTÉ CUISINIER, VOUS AURIEZ AIMÉ ÊTRE…
Rock star ? Non, plus sérieusement architecte, designer ou photographe, ou du moins une carrière dans les beaux-arts !

6/ VOTRE COLLECTION
Les livres de cuisine.

7/ VOTRE DEVISE
« Certains voient la réalité et disent pourquoi, moi je rêve de l'impossible et dis pourquoi pas ! » (Robert Kennedy).

2009
Coaching de l'équipe de France de pâtisserie et nouvelle coupe en la personne de Jérôme de Oliveira

2011
Démarrage de l'émission « Le Gâteau de mes rêves » sur Téva via Julie Andrieu Conseil et Production

SOM MAI RE

BABA AU MÈTRE,
CRÈME CHANTILLY À LA CITRONNELLE

Comment interpréter un baba pour le sublimer ? Il suffit juste de le cuire dans un moule à pain de mie. Mon constat a été de découvrir que les saveurs se diffusent mieux dans un grand gâteau. Même mon ami Jean-François Piège a été scotché par la texture de cette pâte à baba qui est très spongieuse, elle s'imbibe parfaitement et reste délicate en bouche !

RECETTE

Pour 3 babas - Préparation : 1 h - Cuisson : 45 min - Repos : 1 nuit + 2 h 30

CRÈME CHANTILLY CITRONNELLE

- ❒ 2 tiges de citronnelle
- ❒ 400g de crème UHT à 35% de MG
- ❒ 40g de cassonade
- ❒ Le zeste de 1 citron vert
- ❒ 100 g de mascarpone

PÂTE À BABA

- ❒ 300g de farine T45
- ❒ 45g de lait entier
- ❒ 7g de levure biologique
- ❒ 2 œufs (115g)
- ❒ 5g de sel
- ❒ 25g de sucre semoule
- ❒ 115g de beurre pommade* doux

PUNCH RHUM VANILLE

- ❒ 750g d'eau
- ❒ 300g de cassonade
- ❒ 75g de rhum brun
- ❒ 2 gousses de vanille

FINITION

- ❒ Confiture d'agrumes
- ❒ Le zeste de 1 citron vert
- ❒ 1 tige de citronnelle

Crème Chantilly citronnelle
La veille, lavez et émincez finement les tiges de citronnelle. Portez à ébullition la crème avec la cassonade, la citronnelle et le zeste de citron vert. Laissez refroidir, puis placez cette préparation au réfrigérateur pour la nuit.

Pâte à baba
Le jour même, dans la cuve d'un robot muni d'un crochet, pétrissez la farine avec le lait et la levure biologique, ajoutez les œufs, le sel et le sucre, corsez* bien la pâte à vitesse moyenne.
Ajoutez ensuite le beurre pommade* et pétrissez de nouveau à vitesse moyenne pour obtenir une pâte lisse : celle-ci doit se décoller de la cuve.

02

Laissez pousser* environ 1h à température ambiante, retournez la pâte pour en chasser les bulles d'air, puis laissez reposer 30 min au réfrigérateur avec un film alimentaire au contact de la pâte.

03

Beurrez trois moules à pain de mie de 4,5 cm de diamètre et de 30 cm de long, puis placez deux rectangles de papier cuisson à l'intérieur pour démouler les babas plus facilement. Versez 200 g de pâte dans chaque moule. Laissez pousser* 1 h près d'un point chaud. Préchauffez le four à 160 °C (th. 5/6), fermez les moules et faites cuire environ 20 min. Démoulez, puis laissez sécher les babas au four 15 min, toujours à 160 °C.

04

Punch rhum vanille

Fendez les gousses de vanille en deux et, à l'aide d'un petit couteau, récupérez les graines. Dans une casserole, faites bouillir l'eau avec la cassonade. À l'ébullition, ajoutez le rhum, les gousses et les graines de vanille. Laissez refroidir à température ambiante jusqu'à ce que le punch atteigne 60 °C.

05

Finition

Posez les babas tièdes dans des moules à bûche, versez le punch tiède sur les babas et laissez imbiber. Égouttez-bien les babas. Faites tiédir la confiture d'agrumes, lustrez-en très finement les babas avec un pinceau.

06

N'hésitez pas à préparer plus de sirop pour imbiber plus facilement les babas. Vous pouvez le garder au réfrigérateur pendant plusieurs jours.

Passez la crème à la citronnelle au chinois*, puis ajoutez le mascarpone. Montez cette préparation au fouet jusqu'à obtenir la texture d'une crème Chantilly, puis mettez dans une poche avec une douille saint-honoré.

07

Dressez la crème Chantilly sur les babas, décorez avec le zeste de citron vert et la tige de citronnelle effilée.

08

BISOUNOURS
FRAISE ET CHOCOLAT LACTÉ

Le concept est simple, je travaille au Plaza Athénée situé sur l'Avenue Montaigne, endroit chic et mode, j'ai eu l'idée de réaliser des gourmandises présentées sur un pique-aiguille comme ceux dont se servent les plus grands couturiers... avec, en plus, le souvenir des nounours guimauve de notre enfance...

RECETTE

Pour 9 guimauves lactées et 11 guimauves à la fraise

Préparation : 1 h 30 - Cuisson : 20 min - Repos : 1 nuit + 1 h 15

SUCRE TASSÉ

- ❒ 800g de sucre semoule
- ❒ 100g de vinaigre blanc
- ❒ quelques gouttes de colorant rose

GUIMAUVE LACTÉE

- ❒ 220g de sucre semoule
- ❒ 50g d'eau
- ❒ 45g de glucose*
- ❒ 4 blancs d'œufs (120g)
- ❒ 6 feuilles de gélatine (12g)
- ❒ 70g de chocolat au lait à 33% de cacao Jivara de Valhrona
- ❒ 1 pincée de sel

GUIMAUVE À LA FRAISE

- ❒ 300g de sucre semoule
- ❒ 80g d'eau
- ❒ 40g de glucose
- ❒ 2 blancs d'œufs (60g)
- ❒ 8 feuilles de gélatine (16g)
- ❒ 120g de purée de fraise
- ❒ 10g d'eau de fleur d'oranger

ENROBAGE LACTÉ

- ❒ 400g de chocolat au lait de couverture* à 33% de cacao Jivara de Valhrona
- ❒ 20g d'huile de pépins de raisin
- ❒ 20g de beurre de cacao

ENROBAGE ROSE

- ❒ 400g de chocolat blanc de couverture* à 33% de cacao Opalys de Valhrona
- ❒ 10g d'huile de pépins de raisin
- ❒ 10g de beurre de cacao
- ❒ 5g de colorant liposoluble rouge

Sucre tassé
La veille, mélangez le sucre semoule et le colorant rose avec le vinaigre blanc.
Versez dans un moule demi-sphérique de 16 cm de diamètre, démoulez sur un carton, piquez à l'aide de bâtons de sucette et laissez sécher 1 nuit à température ambiante.

01

Guimauve lactée
Le jour même, faites tremper la gélatine dans de l'eau froide.
Dans une casserole, faites bouillir le sucre avec l'eau. À ébullition, ajoutez le glucose*, portez cette préparation à 130 °C, puis retirez du feu.

Montez les blancs d'œufs en neige avec 1 pincée de sel.
Versez le sirop en filet sur les blancs et mélangez délicatement.
Essorez la gélatine et ajoutez-la.

02 **03**

Vous pouvez également colorer le sucre tassé avec du grué de cacao pour obtenir un effet marbré.

Faites fondre le chocolat au bain-marie*. Lorsque la meringue est tiède, ajoutez-le.
Versez cette préparation dans des moules Flexipan® légèrement huilés en forme d'ourson et laissez reposer 3 h au réfrigérateur.

04

Guimauve à la fraise

Faites tremper la gélatine dans de l'eau froide.
Dans une casserole, faites bouillir le sucre avec l'eau. À l'ébullition, ajoutez le glucose* et portez cette préparation à 130 °C, puis retirez du feu. Montez les blancs en neige avec 1 pincée de sel. Versez le sirop en filet sur les blancs et mélangez délicatement. Essorez la gélatine et ajoutez-la. Lorsque la meringue est tiède, ajoutez la purée de fraise et l'eau de fleur d'oranger.

05

Versez dans des moules Flexipan® légèrement huilés en forme d'ourson et laissez reposer 3 h au réfrigérateur.

06

Guimauves
Démoulez les oursons, piquez-les avec des bâtons de sucette, puis placez-les 1 h minimum au congélateur sur des feuilles plastique huilées.

07

Enrobage lacté
Faites fondre à 30 °C la couverture* lactée avec l'huile et le beurre de cacao pour les guimauves au chocolat au lait.

Enrobage rose
Faites fondre à 30 °C la couverture* ivoire avec l'huile, le beurre de cacao et le colorant rouge pour les guimauves à la fraise. Passez au mixeur plongeant pour bien dissoudre le colorant.

Finition
Trempez et enrobez les guimauves en une seule fois dans les enrobages correspondants, enlevez l'excédent, posez sur des feuilles plastique et laissez durcir au réfrigérateur pendant 10 min. Piquez dans le moule de sucre tassé en alternant les couleurs.

Enrobez la guimauve lorsqu'elle est complètement congelée.

CAKE
AU SIROP D'ÉRABLE

Attention !!! Produit d'une extrême gourmandise ! Goûtez-en une tranche et vous serez condamné à le finir entièrement... Mon amoureuse en est folle !!!

RECETTE

Pour 5 cakes - Préparation : 45 min - Cuisson : 40 min

CAKE AU SIROP D'ÉRABLE

- ❒ 210g de pâte d'amande à 65%
- ❒ 5 œufs (255g)
- ❒ 95g de sucre d'érable en poudre
- ❒ 85g de cassonade
- ❒ 170g de farine T45
- ❒ 5g de levure chimique
- ❒ 180g de beurre demi-sel
- ❒ 95g de sirop d'érable

PUNCH SIROP D'ÉRABLE

- ❒ 150g d'eau
- ❒ 150g de sirop d'érable

GLACAGE MUSCOVADO

- ❒ 70g de crème UHT à 35% de MG
- ❒ 45g de beurre doux
- ❒ 70g de sucre glace tamisé
- ❒ 145g de sucre muscovado*

FUDGE AU SIROP D'ÉRABLE

- ❒ 10g de sirop d'érable
- ❒ 120g de sucre vergeoise
- ❒ 5g de farine T45
- ❒ 30g de beurre demi-sel
- ❒ 60g de lait concentré non sucré
- ❒ 1 pincée de levure chimique

FINITION

- ❒ Sucre glace
- ❒ Sucre d'érable en grains

Cake au sirop d'érable

Préchauffez le four à 170 °C (th. 6) et faites fondre le beurre.

Dans un saladier, cassez les œufs et mélangez-les rapidement à la fourchette. Dans la cuve d'un robot muni de la feuille, mélangez la pâte d'amande avec les œufs en les ajoutant au fur et à mesure.

01

Remplacez la feuille par le fouet puis ajoutez le sucre d'érable et la cassonade, ajoutez la farine et la levure chimique, puis le beurre fondu et le sirop d'érable.

02

Beurrez et farinez 5 moules de 22 cm x 4 cm x 4 cm. Versez 200 g de cette préparation dans chacun des moules. Enfournez et faites cuire pendant 20 min. Démoulez les cakes lorsqu'ils sont tièdes.

03

Punch sirop d'érable
Faites bouillir l'eau et le sirop d'érable, laissez tiédir et trempez les cakes en une seule fois dans ce sirop. Mettez-les à égoutter sur une grille.

04

Imbibez bien ce cake tiède de sirop tiède pour qu'il s'imprègne plus facilement. Sans cela, le cake sera imbibé seulement en surface et pas au cœur.

Glacage muscovado
Faites bouillir la crème avec le beurre, puis laissez refroidir. Lorsque le mélange arrive à 50 °C, ajoutez le sucre glace tamisé et le sucre muscovado*. Mixez au mixeur plongeant et laissez refroidir. Montez légèrement cette crème avec le fouet du batteur et versez dans une poche à douille munie d'une douille chemin de fer.

05

Fudge au sirop d'érable
Dans une casserole, mélangez le sirop d'érable, la vergeoise, la farine, le beurre demi-sel, le lait concentré et la levure chimique.

06

Faites cuire jusqu'à 112 °C tout en remuant à l'aide d'une spatule. Versez sur un tapis Silpat® ou une feuille de papier cuisson sur une épaisseur de 5 mm. Laissez refroidir, puis coupez en petits cubes.

07

Finition
Pochez le glaçage sur le cake, saupoudrez de sucre glace et de sucre d'érable en grains, puis déposez dessus quelques cubes de fudge.
Dégustez à température ambiante.

08

CHOCOLAT CROUSTILLANT, PRALINÉ FONDANT

Un de mes desserts à l'assiette fétiche, simple, sans chichis et tralala, facile à reproduire aux quatre coins du monde... avec en bonus tous les produits que j'aime !

RECETTE

POUR 10 TRIANGLES - Préparation : 50 min - Cuisson : 40 min
Repos : 1 nuit + 30 min

BISCUIT CHOCOLAT

- ❒ 3 œufs (150g)
- ❒ 60g de sucre semoule
- ❒ 1/2 pincée de sel
- ❒ 50g de farine T45
- ❒ 15g de cacao en poudre

PUNCH CHOCOLAT AMER

- ❒ 120g d'eau
- ❒ 40g de sucre semoule
- ❒ 10g de cacao en poudre

MOUSSE CHOCOLAT LACTÉE

- ❒ 80g de crème UHT à 35%
- ❒ 80g de lait entier
- ❒ 10g de cassonade
- ❒ 1 jaune d'œuf (30g)
- ❒ 90g de chocolat au lait à 33% de cacao Tanariva de Valhrona
- ❒ 235g de chocolat au lait à 40% de cacao Jivara de Valhrona
- ❒ 275g de crème montée UHT à 35% de MG

PRALINÉ NOISETTE

- ❒ 130g de sucre semoule
- ❒ 200g de noisettes émondées et grillées
- ❒ 1 pincée de sel

FINITION

- ❒ 500g de chocolat noir à 70% de cacao Guarana de Valhrona
- ❒ 10g de poudre d'or
- ❒ 50g de kirsch
- ❒ Amandes grillées
- ❒ Nutella®

Biscuit chocolat

La veille, préchauffez le four à 200 °C (th. 7). Séparez les blancs des jaunes d'œufs. Dans la cuve d'un robot, montez les blancs en neige avec le sucre et le sel.

Tamisez ensemble la farine et le cacao. Mélangez les jaunes aux blancs d'œufs, puis la farine et le cacao.

01

Versez dans un moule ou un cadre rectangulaire de 12 cm x 35 cm x 2 cm. Enfournez et faites cuire environ 5 min. Laissez refroidir sur une grille.

02

Punch chocolat amer
Portez à ébullition l'eau avec le sucre et le cacao, laissez refroidir, puis passez le punch au pinceau sur le biscuit pour qu'il s'en imbibe.

Mousse chocolat lactée
Hachez le chocolat Tanariva et le chocolat Jivara. Dans une casserole, mélangez la crème avec le lait, la cassonade et le jaune d'œuf. Faites chauffer le tout à 85 °C, puis versez sur le chocolat haché. Mixez cette préparation.

Lorsque la préparation atteint 40 °C, ajoutez la crème montée, mélangez. Placez 100 g de mousse dans une poche au réfrigérateur pour le lendemain. Versez le reste dans le cadre sur le biscuit. Mettez au congélateur pour 1 nuit.

05

Praliné noisette
Le jour même, posez les noisettes émondées et grillées sur une feuille de papier cuisson. Dans une casserole, faites cuire le sucre semoule jusqu'à ce qu'il brunisse, versez-le sur les noisettes, ajoutez 1 pincée de sel et laissez refroidir.
Broyez le tout au mixeur et placez le praliné dans une poche.

06

La crème montée est une crème liquide fouettée.

Finition

Mettez au point la couverture* noire : faites fondre 300 g de chocolat jusqu'à 50 °C, baissez la température jusqu'à atteindre 27 °C, puis faites-la remonter à 31 °C. Versez le chocolat sur une feuille plastique, placez-en une autre par-dessus et étalez avec un rouleau. Réalisez des triangles de 8 cm x 14 cm, découpez en leur centre quelques trous à l'aide d'un emporte-pièce. Mélangez de la poudre d'or avec le kirsch et dessinez un trait sur chaque triangle à l'aide d'un pinceau.

07

Faites fondre le chocolat restant et étalez une fine couche de chocolat fondu sur le côté biscuit du rectangle, enlevez-le du cadre. Coupez des parts triangulaires de 6 cm de côté et laissez décongeler pendant 30 min. Dressez une couronne en surface avec la mousse mise de côté, laissez au frais.
Au moment de servir, dressez l'entremet sur l'assiette, recouvrez de praliné et posez le triangle en chocolat. À l'aide d'une poche à douille, tracez un léger triangle de Nutella® autour de l'entremet. Hachez les amandes, mélangez-les à la poudre d'or et parsemez-les sur les traits de Nutella®.

08

Faites bien griller les noisettes pour que le parfum du praliné soit exceptionnel.

MACARONS
PÊCHE MELBA

J'ai toujours envie de réaliser ce qui n'existe pas... La peau veloutée de la pêche à travers ce macaron est l'une de mes plus grandes satisfactions. La crème conjugue tout ce que représente la Melba : crème Chantilly vanille, amandes Polignac, pêche et coulis de groseille... le tout en une bouchée.

RECETTE

Recette pour 30 macarons - Préparation : 40 min - Cuisson : 20 min
Repos : 2 nuits + 20 min

CRÉMEUX PÊCHE MELBA

- ❒ 200g de purée de pêche jaune
- ❒ 10g de jus de citron vert
- ❒ 50g de purée de groseille
- ❒ 20g de fécule de pomme de terre
- ❒ 1,5 feuille de gélatine (3g)
- ❒ 150g de chocolat blanc de couverture* à 33% de cacao Opalys de Valhrona
- ❒ 100g de beurre doux
- ❒ 10g d'alcool de pêche
- ❒ 1 goutte d'essence de pêche

BISCUIT MACARON

- ❒ 4 blancs d'œufs (120g)
- ❒ 50g de sucre semoule
- ❒ 1/2 pincée de sel
- ❒ 125g de poudre d'amande
- ❒ 200g de sucre glace
- ❒ 1g de colorant rouge hydrosoluble
- ❒ 5g de colorant jaune hydrosoluble

FINITION

- ❒ Colorant rouge
- ❒ Colorant bleu

Crémeux pêche Melba

L'avant-veille, faites tremper la gélatine dans de l'eau froide.

Dans une casserole, mélangez la purée de pêche jaune avec le jus de citron vert, la purée de groseille et la fécule. Portez le tout à ébullition.

01

Essorez la gélatine et versez la préparation dessus. Mélangez jusqu'à obtenir une préparation homogène. Hachez le chocolat, puis versez le mélange à la pêche dessus.

02

Vous pouvez réaliser la purée de pêche vous-même : épluchez et dénoyautez 3 pêches, puis mixez-les.

Mélangez bien et laissez refroidir à 45 °C. Mixez en ajoutant le beurre doux, l'alcool de pêche et l'essence de pêche. Placez dans une poche et laissez 1 nuit au réfrigérateur.

03

Biscuit macaron
La veille, montez les blancs d'œufs en neige avec le sucre semoule et le sel.
Tamisez ensemble la poudre d'amande et le sucre glace, puis ajoutez-les aux blancs d'œufs.

04

Mélangez les deux colorants dilués dans quelques gouttes d'eau, ajoutez-en une pointe à la préparation et macaronnez* à l'aide d'une maryse*. Placez la préparation dans une poche à douille.

05

Placez une feuille de papier cuisson sur une plaque allant au four. Pochez les macarons et laissez croûter* pendant 20 min.
Préchauffez le four à 150 °C (th. 5), puis enfournez pour 16 min.

06

Finition

À l'aide d'un aérographe, vaporisez du colorant rouge sur un côté des macarons, puis vaporisez du colorant bleu. Saupoudrez de sucre glace, puis soufflez pour enlever l'excédent.

07

Garnissez généreusement la moitié des coques de macaron de crémeux pêche Melba. Assemblez-les, puis laissez 1 nuit minimum au réfrigérateur. Dégustez bien frais.

08

Si vous n'avez pas de pistolet à peinture, vous pouvez appliquer les colorants à l'aide d'un pinceau sur les macarons.

PAVLOVA, FRAMBOISE, LITCHI ET CITRON VERT

Un dessert envoûtant, une meringue croustillante en surface et ultra-moelleuse au cœur, une vraie découverte de saveurs et de textures, ce dessert trop méconnu est pour moi une vraie réussite... Philippe Conticini m'a avoué que cet équilibre l'avait bluffé, et vu le talent de l'homme, c'est un véritable compliment !

RECETTE

Recette pour 1 grande pavlova (8 pers) - Préparation : 40 min - Cuisson : 30 min

MERINGUE FRANÇAISE

- ❒ 4 blancs d'œufs (110g)
- ❒ 100g de sucre semoule
- ❒ 100g de sucre glace
- ❒ Le zeste et le jus de 1 citron vert
- ❒ 1 pincée de sel

CRÈME AU PHILADELPHIA®

- ❒ 175g de crème UHT à 35% de MG
- ❒ 25g de Soho® au litchi
- ❒ 70g de Philadelphia®

CONFIT DE FRAMBOISE

- ❒ 200g de framboises
- ❒ 30g de cassonade
- ❒ 2g de pectine NH*

FINITION

- ❒ 500g de framboises
- ❒ 150g de litchis
- ❒ Les zestes de 2 citrons verts
- ❒ Sucre glace

Meringue française
Préchauffez le four à 150 °C (th. 5).
Montez les blancs en neige avec 1 pincée de sel, puis serrez-les* avec le sucre semoule.
Ajoutez avec une maryse* le sucre glace tamisé, le zeste et le jus de citron vert.

Beurrez et sucrez un Silpat® ainsi qu'un cadre de 12 cm x 35 cm x 2 cm, versez-y la préparation et lissez à ras.
Faites cuire au four pendant 25 min.
Laissez refroidir sur une grille, puis démoulez et déposez sur un plat.

01
02

Crème au Philadelphia®
Dans la cuve d'un batteur, montez au fouet la crème avec le Soho® et le Philadelphia® jusqu'à obtenir une texture ferme. Placez dans une poche à douille.

03

Sortez les œufs 1 h avant de monter les blancs, ils seront plus fermes.

Confit de framboise
Dans une casserole, faites bouillir les framboises avec la cassonade et la pectine NH*. À ébullition, faites cuire 1 min et laissez refroidir. Mixez au mixeur plongeant et mettez dans une poche à douille.

04

Finition
Épluchez les litchis et dénoyautez-les. Dressez du confit de framboise sur la meringue, puis étalez une bonne couche de crème. Disposez les framboises et les litchis, puis saupoudrez de sucre glace et de zeste de citron vert.

05

RELIGIEUSE, CARAMEL BEURRE SALÉ

Voici ma première et ma plus belle gourmandise... un vrai souvenir d'enfance, une technique rapide et efficace et surtout... de l'allure ! Je suis très fier de la retrouver chez chaque chef que j'ai pu former... C'est devenu une petite tradition...

RECETTE

Pour 15 religieuses - Préparation : 1 h - Cuisson : 1 h 15 - Repos : 1 nuit + 2 h

CRÉMEUX CARAMEL

- ❒ 105g de sucre semoule
- ❒ 270g de lait entier
- ❒ 2 jaunes d'œufs (40g)
- ❒ 20g de Maïzena®
- ❒ 150g de beurre demi-sel

CRAQUELIN

- ❒ 50g de beurre demi-sel
- ❒ 60g de cassonade
- ❒ 60g de farine T45

PÂTE À CHOU

- ❒ 90g d'eau
- ❒ 80g de beurre demi-sel
- ❒ 1 pincée de sucre
- ❒ 100g de farine T45
- ❒ 5 œufs (230g)

CRÈME AU BEURRE VANILLE

- ❒ 350g de beurre demi-sel
- ❒ 80g d'eau
- ❒ 200g de sucre semoule
- ❒ 2 œufs (100g)
- ❒ 1 gousse de vanille

FINITION

- ❒ 250g de fondant*
- ❒ 1 c. à c. de glucose*
- ❒ 10g de colorant caramel
- ❒ Fudge

Crémeux caramel

La veille, mélangez dans un saladier les jaunes d'œufs, 15 g de sucre semoule et la Maïzena®. Faites chauffer le lait.

Versez le sucre restant dans une casserole et faites-le cuire jusqu'à ce qu'il caramélise. Ajoutez le lait chaud, puis versez dans le saladier et mélangez.

01

Replacez le tout sur le feu dans la casserole jusqu'à ébullition. Laissez ensuite refroidir jusqu'à 50 °C, puis mixez au mixeur plongeant en ajoutant petit à petit le beurre demi-sel mou. Mettez dans une poche sans douille et réservez 1 nuit au réfrigérateur.

02

Le caramel est cuit lorsqu'une mousse se forme sur le bord de la casserole et qu'il fume. À cette étape, il est à environ 170 °C.

Craquelin
Le jour même, mélangez le beurre demi-sel mou avec la cassonade et la farine dans le bol d'un batteur équipé de la feuille jusqu'à obtenir un mélange homogène.
Étalez entre deux feuilles de papier cuisson sur environ 1 mm et laissez prendre 2 h au réfrigérateur.
À l'aide d'un emporte-pièce, détaillez 15 disques de 3 cm et 15 disques de 5,5 cm.

03

Pâte à chou
Placez le beurre à température ambiante. Dans une casserole, faites bouillir l'eau avec le beurre demi-sel et 1 pincée de sucre.
Ajoutez la farine tamisée, desséchez sur le feu jusqu'à ce que la pâte ne colle plus à la spatule. Versez dans un saladier, laissez refroidir à 50°C, puis ajoutez les œufs un par un. Mettez en poche avec une douille unie de 1 cm de diamètre.

04

Dressez sur deux plaques différentes recouvertes de papier cuisson 15 petites boules et 15 grosses boules, puis posez le craquelin en surface.
Préchauffez le four à 260 °C (th. 9), éteignez-le, puis enfournez les deux plaques pendant 25 min. Rallumez le four et réglez-le à 160 °C (th. 5/6), laissez cuire les petits choux pendant 10 min et les gros choux pendant 20 min.

05

Crème au beurre vanille
Placez le beurre à température ambiante. Dans une casserole, faites cuire l'eau avec le sucre jusqu'à atteindre 121 °C. Cassez les œufs dans un saladier et battez-les quelques instants à la fourchette. Versez le sirop dans le saladier et montez cette préparation au fouet électrique.
Lorsque cette préparation atteint 45 °C, ajoutez le beurre petit à petit. Fendez la gousse de vanille, récupérez les graines et ajoutez-les.

06

Réglez votre four en position statique et surtout pas en gril pour la cuisson des choux. Si votre four ne monte pas à 260 °C (th. 9), laissez cuire vos choux un peu plus longtemps pour qu'ils gonflent bien.

Finition
Remplissez les choux de crémeux caramel sur le côté du craquelin.
Dans une casserole, faites chauffer le fondant avec le glucose et le colorant caramel jusqu'à 40 °C. Versez sur 5 mm d'épaisseur dans 15 moules demi-sphérique Flexipan® de 6 cm de diamètre et dans 15 moules de 3 cm de diamètre, puis posez les choux et pressez légèrement. Stockez 10 min au congélateur et démoulez.

07

Posez le petit chou sur le gros, dressez la crème au beurre à l'aide d'une poche et d'une petite douille saint-honoré, puis posez un cube de fudge au-dessus du petit chou.

08

SUCCÈS À LA FIGUE DE SOLIÈS

La figue est un produit exceptionnel, que l'on travaille trop peu en pâtisserie car sa saison est courte. J'aime la sublimer avec cet esprit meringue et chantilly du succès.

RECETTE

Pour 15 succès - Préparation : 1 h - Cuisson : 3 h 30 - Repos : 3 nuits

CRÈME À LA FEUILLE DE FIGUIER

- 900g de crème UHT à 30% de MG
- 100g de feuilles de figuier
- 25g de cassonade
- 3 jaunes d'œufs (60g)
- 3 feuilles de gélatine (6g)
- 280g de mascarpone
- 130g de crème pâtissière (voir p. 88)

COMPOTÉE DE FIGUE AU MIEL

- 20g de miel de fleurs
- 220g de figues bien mûres
- 5g de cassonade
- 1g de pectine NH*
- Le jus de 1/2 citron (10g)
- 1 goutte de colorant rouge

BISCUIT MERINGUE

- 4 blancs d'œufs (120g)
- 2g de fleur de sel
- 110g de sucre semoule
- 110g de sucre glace
- 5g de colorant violet

FINITION

- Sucre glace
- Figues sèches

Crème à la feuille de figuier

La veille, lavez et émincez les feuilles de figuier.

Faites bouillir la crème, ajoutez les feuilles de figuier et laissez infuser 15 min au réfrigérateur, dans un récipient recouvert de film alimentaire. Filtrez dans un chinois étamine*, ajoutez de la crème si nécessaire pour obtenir 900 g de crème en tout.

01

Faites tremper la gélatine dans de l'eau froide.

Dans une casserole, mélangez 300 g de crème infusée avec la cassonade et les jaunes d'œufs, puis faites cuire jusqu'à 85 °C.

02

Ajoutez la gélatine, le mascarpone et la crème pâtissière. Mixez à l'aide d'un mixeur plongeant et laissez 1 nuit au réfrigérateur. Laissez les 600 g de crème infusée restants de côté pour l'enrobage.

03

Compotée de figues au miel
La veille, lavez et coupez les figues en morceaux.
Dans une casserole, faites caraméliser le miel de fleurs jusqu'à ce qu'il brunisse, puis ajoutez les morceaux de figues et le colorant.

04

Faites compoter environ 5 min à feu moyen. Mélangez la cassonade à la pectine, puis ajoutez-les. Portez à ébullition, puis ajoutez le jus de citron vert. Versez cette préparation dans des moules demi-sphèrique Flexipan® de 4,5 cm de diamètre, puis laissez au congélateur pendant 1 nuit.

05

Biscuit meringue
Le jour même, préchauffez le four à 80 °C (th. 2/3). Montez les blancs d'œufs en neige avec le sel, serrez* avec le sucre semoule, puis ajoutez délicatement le sucre glace et le colorant violet à l'aide d'une maryse*. Sur une plaque allant au four recouverte de papier cuisson, pochez 15 grosses boules de 4 cm de diamètre. Sur une autre plaque recouverte de papier cuisson, pochez le reste de la préparation en gouttes de 1,5 cm de diamètre. Laissez cuire 3 h au four.

06

Placez les blancs d'œufs à température ambiante pour qu'ils soient plus fermes.

Finition

Montez la crème au mascarpone au batteur et chemisez 15 moules demi-sphériques Flexipan® de 6 cm de diamètre avec cette crème. Placez-y 15 boules de meringue, puis lissez à ras et laissez au congélateur pendant 12 h. Chemisez 15 autres moules demi-sphériques Flexipan® de 6 cm de diamètre avec la crème, déposez-y la compotée de figue, puis lissez à ras et congelez pendant 6 h.

Superposez les demi-sphères pour former une boule en les collant à l'aide de crème. Démoulez et trempez dans les 600 g de crème infusée à la feuille de figuier. Dressez sur des caissettes, répartissez les gouttes de meringue sur toute la surface, saupoudrez de sucre glace et parsemez de morceaux de figues sèches.

Pour avoir une dégustation parfaite et une meringue encore croustillante, savourez ce gâteau quelques heures après la finition.

TARTE AUX FRAISES
À LA CRÈME DE PISTACHE

J'essaie souvent d'améliorer cette version de la tarte aux fraises... en vain ! C'est l'une de mes rares recettes que je trouve indémodable !

RECETTE

Pour 1 grande tarte - Préparation : 40 min - Cuisson : 35 min - Repos : 1 nuit

CRÈME CHANTILLY PISTACHE

- ❒ 220g de crème UHT à 35% de MG
- ❒ 100g de chocolat blanc de couverture* à 33% de cacao Opalys de Valhrona
- ❒ 15g de pâte de pistache

SABLÉ LINZER

- ❒ 120g de farine T45
- ❒ 4g de levure chimique
- ❒ 20g de sucre glace
- ❒ 110g de beurre doux
- ❒ 5g de rhum
- ❒ 20g de poudre d'amande
- ❒ 4g de fleur de sel

BISCUIT MOELLEUX PISTACHE

- ❒ 60g de poudre d'amande
- ❒ 110g de sucre glace
- ❒ 15g de fécule de pomme de terre
- ❒ 50g de poudre de pistache
- ❒ 30g de pâte de pistache
- ❒ 1 jaune d'œuf (20g)
- ❒ 5 blancs d'œufs (160g)
- ❒ 40g de sucre semoule
- ❒ 1/2 pincée de fleur de sel
- ❒ 80g de beurre doux

CONFIT DE FRAISE

- ❒ 250g de fraises gariguettes
- ❒ 40g de cassonade
- ❒ 2g de pectine NH*

FINITION

- ❒ 100g de gelée de fraise
- ❒ 1kg de fraises gariguettes
- ❒ 50g de pistaches

Crème Chantilly pistache

La veille, faites bouillir la crème, versez-la sur la couverture ivoire avec 15 g de pâte de pistache, puis mélangez jusqu'à ce que la préparation soit homogène. Mixez, passez au chinois* et laissez 1 nuit au réfrigérateur.

01

Sablé Linzer

Le jour même, préchauffez le four à 160 °C (th. 5/6).
Dans la cuve du robot muni de la feuille, mélangez la farine avec la levure chimique, le sucre glace, le beurre, le rhum, la poudre d'amande et le sel.

02

Étalez ce mélange entre deux feuilles de papier cuisson sur 2 mm. Découpez un rectangle de 12 x 35 cm dans un cadre inox, déposez sur un Silpat®, piquez et faites cuire pendant environ 20 min.

03

Biscuit moelleux pistache
Préchauffez le four à 180 °C (th. 6) et faites fondre le beurre.
Dans un mixeur, mixez la poudre d'amande, le sucre glace, la fécule, la poudre de pistache, la pâte de pistache, le jaune d'œuf et 80 g de blancs d'œufs crus.

04

Vous pouvez faire votre pâte de pistache vous-même : il suffit de griller et de broyer des pistaches décortiquées… C'est un délice !

Montez au fouet les blancs d'œufs restants avec le sucre semoule et la 1/2 pincée de sel. Ajoutez cette préparation à la précédente, puis incorporez le beurre fondu.

05

Coulez le biscuit moelleux sur le sablé linzer et faites cuire pendant environ 15 min, jusqu'à ce que le biscuit soit ferme.

06

Confit de fraise
Lavez, équeutez et mixez les fraises.
Dans une casserole, faites bouillir pendant 1 min cette purée avec la cassonade et la pectine NH*.

07

Finition
Répartissez du confit de fraise sur le biscuit pistache, disposez les fraises puis nappez-les avec la gelée de fraise. Montez la chantilly au fouet et dressez des rosaces de crème, puis parsemez de pistaches hachées.

08

TARTE RENVERSÉE
AUX AGRUMES

Un dessert très frais, simple et ludique, où tous les agrumes apportent un équilibre certain. *Spéciale dédicace pour Alain Ducasse qui est un fan absolu d'amertume et d'acidité...

RECETTE

Recette pour 1 grande tarte (8 personnes) - Préparation : 45 min - Cuisson : 1 h
Repos : 24 h

CRÉMEUX YUZU

- ❒ 100g de jus de yuzu*
- ❒ 30g de lait entier
- ❒ 15g de zeste de citron vert
- ❒ 3 œufs (170g)
- ❒ 120g de sucre semoule
- ❒ 160g de beurre doux

SUPRÊMES D'AGRUMES

- ❒ 2 pamplemousses
- ❒ 3 oranges
- ❒ 3 citrons jaunes

CONFIT ET MARMELADE D'AGRUME

- ❒ Les zestes des pamplemousses et des oranges
- ❒ 1l d'eau minérale
- ❒ 500g de sucre semoule
- ❒ Le jus de 2 citrons verts

OPALINE

- ❒ 30g de sucre glace
- ❒ 30g de beurre demi-sel
- ❒ 30g de poudre d'amande
- ❒ 30g de farine T45
- ❒ 220g de fondant*
- ❒ 140g de glucose*

FINITION

- ❒ 250g de nappage neutre
- ❒ 25g de jus de yuzu
- ❒ 1 pointe de couteau de colorant jaune en poudre

Crémeux yuzu

La veille, faites cuire dans une casserole au bain-marie* le jus de yuzu, le lait, le zeste de citron vert, les œufs et le sucre jusqu'à ce que le mélange atteigne 85 °C.

Passez cette préparation au chinois* pour enlever le zeste, puis mixez au mixeur plongeant en ajoutant petit à petit le beurre.

Mettez le crémeux dans une poche et laissez 24h au réfrigérateur.

01

Suprêmes* d'agrumes

Le jour même, épluchez à l'économe les agrumes pour récupérer leur zeste. Mettez-le de côté pour le confit d'agrumes, retirez bien la partie blanche restante sur les fruits, puis, avec un petit couteau aiguisé, récupérez tous les segments des agrumes et posez-les sur du papier absorbant.

02

Confit d'agrumes

Coupez largement l'écorce des agrumes afin de récupérer une partie de la chair du fruit. Détaillez en cubes puis plongez-les dans une casserole d'eau froide. Portez à ébullition puis répétez cette opération deux fois, en prenant soin de changer l'eau. Égouttez.

03

Faites bouillir l'eau avec le sucre. Plongez-y les cubes de zeste, puis faites réduire à feu doux. Les fruits sont confits lorsque la pointe du couteau les transperce sans résistance et qu'ils sont légèrement translucides. Égouttez.

04

Faites bien blanchir les écorces d'agrumes pour éviter un excès d'amertume.*

Marmelade d'agrumes

Prélevez la moitié des fruits confits et broyez-les au mixeur en les diluant avec le jus de citron vert.

05

Opaline

Préchauffez le four à 150 °C (th. 5). Préparez le streusel : mélangez le sucre glace, le beurre demi-sel, la poudre d'amande et la farine.

Étalez-le entre deux feuilles de papier cuisson sur 5 mm d'épaisseur et faites cuire pendant 20 min, puis laissez refroidir sur une grille. Augmentez la température du four à 180 °C (th. 6).

06

Dans une casserole, faites cuire le fondant* avec le glucose* jusqu'à atteindre 180 °C, puis versez sur le streusel cuit.
Laissez refroidir, puis broyez avec un mixeur. Saupoudrez sur un pochoir de 13 cm de diamètre déposé sur un Silpat®, puis faites cuire 5 min au four.

07

Finition
Chauffez le nappage, le jus de yuzu et le colorant jusqu'à ce que le mélange soit homogène.
Sur une assiette, pochez le crémeux yuzu de manière à avoir deux couronnes, l'une à l'intérieur de l'autre. Intercalez les suprêmes* d'agrumes avec le confit et la marmelade.
Déposez par dessus l'opaline et quelques cubes d'agrumes confits.
Dressez une couronne de nappage yuzu autour de la tarte.

08

GLOSSAIRE

B

BAIN-MARIE
Cuisson douce des aliments contenus dans un plat, lui-même placé dans un récipient d'eau bouillante.

BEURRE POMMADE
Beurre à température ambiante travaillé pour qu'il soit lisse et souple.

BLANCHIR
Plonger rapidement un produit dans de l'eau froide, et porter à ébullition.

C

CHINOIS OU CHINOIS ÉTAMINE
Passoire conique servant à filtrer une préparation.

CHOCOLAT DE COUVERTURE
Chocolat très riche en beurre de cacao, utilisé en pâtisserie et en confiserie.

CORSER
Rendre la pâte élastique en la pétrissant longtemps.

CROÛTER
Faire sécher les coques des macarons avant la cuisson pour que leur surface durcisse légèrement et ne colle plus au contact du doigt.

F

FONDANT
Préparation à base de sucre et de glucose servant pour le glaçage des gâteaux.

G

GLUCOSE
Il s'achète sous la forme d'un sirop translucide et épais dans les épiceries fines, ou bien déshydraté en pharmacie.

M

MACARONNER
Travailler énergiquement la pâte à macaron.

MARYSE
Petit matériel de cuisine en silicone utilisé pour mélanger par exemple des préparations de soufflé ou de macarons. Elle sert à récupérer également toute la préparation d'un saladier ou d'une sauteuse.

P

PECTINE NH
Substance gélifiante naturelle présente dans certains fruits (pomme, citron).

POUSSER
Laisser une pâte gonfler dans un endroit chaud.

S

SERRER
Fouetter énergiquement le blanc d'œufs en neige en y incorporant petit à petit du sucre afin de les rendre fermes et homogènes.

SUCRE MUSCOVADO
Sucre de canne roux non raffiné.

SUPRÊMES
Quartiers d'agrumes débarrassés de leur peau.

Y

YUZU
Agrume d'origine asiatique très utilisé dans la cuisine japonaise. On le trouve dans les épiceries asiatiques.

RECETTES DE BASE

CHANTILLY VANILLE

- ❒ 1l de crème UHT à 30% de MG
- ❒ 80g de sucre semoule
- ❒ 3 gousses de vanille

Placez la cuve et le fouet de votre batteur au réfrigérateur pour qu'ils soient bien froids.
Fendez les gousses de vanille, puis récupérez les graines. Installez votre cuve et votre fouet. Versez-y la crème très froide, le sucre et les graines de vanille, puis fouettez jusqu'à obtenir la texture désirée.

CRÈME PÂTISSIÈRE

- ❒ 1l de lait
- ❒ 2 gousses de vanille
- ❒ 12 jaunes d'œufs (250g)
- ❒ 200g de sucre semoule
- ❒ 80g d'amidon de blé
- ❒ 80g de beurre demi-sel

Fendez les gousses de vanille en deux et faites-les bouillir avec le lait. Laissez infuser 10 min hors du feu.
Mélangez les jaunes d'œufs avec le sucre et l'amidon de blé. Versez le lait par-dessus, mélangez bien, puis remettez dans la casserole, portez à ébullition et laissez cuire 1 min.
Hors du feu, ajoutez le beurre, mélangez, puis laissez refroidir et placez au réfrigérateur.

FUDGE AU SIROP D'ÉRABLE

- ❒ 10g de sirop d'érable
- ❒ 120g de sucre vergeoise
- ❒ 5g de farine T45
- ❒ 30g de beurre demi-sel
- ❒ 60g de lait concentré non sucré
- ❒ 1 pincée de levure chimique

Dans une casserole, mélangez le sirop d'érable, la vergeoise, la farine, le beurre demi-sel, le lait concentré et la levure.
Faites cuire jusqu'à 112°C tout en remuant à l'aide d'une spatule. Versez sur un tapis Silpat® sur une épaisseur de 5mm, laissez refroidir, puis coupez des petits cubes.

MERINGUE FRANÇAISE

- 4 blancs d'œufs (110g)
- 110g de sucre semoule
- 110g de sucre glace
- 1 pincée de fleur de sel

Préchauffez le four à 150 °C (th. 5).
Montez les blancs en neige avec 1 pincée de sel fin, puis serrez-les* avec le sucre semoule.
Ajoutez le sucre glace tamisé et mélangez avec une maryse*.
Faites cuire au four pendant 25 min.
Laissez refroidir sur une grille, puis démoulez et déposez sur un plat.

PRALINÉ NOISETTE

- 130g de sucre semoule
- 200g de noisette émondées et grillées
- 1 pincée de fleur de sel

Posez les noisettes émondées et grillées sur un Silpat®. Dans une casserole, faites cuire le sucre semoule jusqu'à ce qu'il brunisse, versez-le sur les noisettes, ajoutez 1 pincée de sel et laissez refroidir.
Broyez le tout au mixeur.

SABLÉ LINZER

- 120g de farine T45
- 4g de levure chimique
- 20g de sucre glace
- 110g de beurre doux
- 5g de rhum
- 20g de poudre d'amande
- 4g de fleur de sel

Préchauffez le four à 160 °C (th. 5/6).
Dans la cuve du robot muni d'une feuille, mélangez la farine avec la levure, le sucre glace, le beurre, le rhum, la poudre d'amande et le sel.
Étalez ce mélange entre deux feuilles de papier cuisson sur 2 mm.
Découpez un rectangle, déposez-le sur un Silpat®, piquez et faites cuire pendant environ 20 min.

Chez Boco, pour une vérification des produits.

CARNET D'ADRESSES CHRISTOPHE MICHALAK

WWW.CHRISTOPHEMICHALAK.COM

LE PLAZA ATHÉNÉE

Retrouvez la collection et les desserts du moment de Christophe Michalak au sein de l'hôtel Plaza Athénée : Galerie des Gobelins, Relais Plaza, Cour Jardin, Terrasse Montaigne.

Chaque année, la bûche de Noël et l'Œuf de Pâques sont disponibles en retrait à la Galerie des Gobelins. Sur réservation, en édition limitée.

25, avenue Montaigne, 75008 Paris, France

Tél. : 01 53 67 66 65

www.plaza-athenee-paris.fr

Avec Sylvaine Landon, productrice du «Gâteau de mes rêves»

BOCO

Les frères Ferniot ont lancé en 2010 un nouveau concept de bistrot rapide de recettes bio de chefs étoilés en bocaux.
Chaque nouvelle saison, Christophe Michalak signe des recettes sucrées.
www.boco.fr

LES CONFITURES CARLA

Christophe Michalak a développé quatre confitures inédites pour la marque Carla. Il fait référence à ses fruits préférés en y ajoutant un zeste de modernité :
la fraise se marie à la violette,
la framboise se conjugue avec des pétales de rose,
les agrumes se gorgent de vanille,
et les fruits rouges se fondent avec des dragées.
Disponibles chez Lafayette Gourmet et à la Grande Épicerie de Paris.

INDEX DES PRODUITS

Jimmy, mon fidèle lieutenant qui a réalisé les tours de main de ce livre.

Merci à Jimmy Mornet pour l'excellence de son travail et sa fidélité autour de ce projet « Best Of »...
Un futur grand chef !!!
Merci aux équipes d'Alain Ducasse, Alice, Églantine, Ésterelle, Pierre, avec à leur tête Emmanuel Jirou-Najou... the boss !
Merci à toutes mes équipes, sans qui je ne ferais pas grand-chose...
Merci à Laurent Fau qui me suit depuis mes débuts et qui sublime l'art de la photo.
Merci à mon portraitiste favori... Stéphane de Bourgies... le meilleur de la planète !!!
Merci à l'ensemble du personnel du Plaza Athénée.
Merci à tous ceux qui m'ont fait grandir.
Merci à tous ceux que j'aime.
Merci à Alain Ducasse pour partager avec moi la passion de la gourmandise.
Merci, merci, merci...

DIRECTEUR DE COLLECTION
Emmanuel Jirou-Najou

RESPONSABLE ÉDITORIALE
Alice Gouget

ÉDITRICE
Églantine Lefébure

PHOTOGRAPHIES
Laurent Fau et Stéphane de Bourgies (couverture)

DIRECTION ARTISTIQUE
Pierre Tachon

CONCEPTION GRAPHIQUE
Soins graphiques
Merci à Sophie

RÉALISATION DES RECETTES
Jimmy Mornet

PHOTOGRAVURE
Nord Compo

RESPONSABLE MARKETING ET COMMUNICATION
Camille Gonnet
Camille.gonnet@alain-ducasse.com

L'éditeur remercie chaleureusement :
Zwilling Staub France SAS – www.zwilling.com
Krups – www.krups.fr
All-clad –www.all-clad.fr
Miele – www.miele.fr

Imprimé sur du papier FSC provenant de bois gérés de manière responsable

Imprimé en CE
ISBN 978-2-84123-465-3
Dépôt légal, 1er trimestre 2013

84, avenue Victor-Cresson
92130 Issy-les-Moulineaux